Impressum
Verlag: BABADADA GmbH, Nedderfeld 112 , 22529 Hamburg
Geschäftsführer / Verlagsleitung: Harald Hof
Druck: Books on Demand GmbH, In de Tarpen 42, 22848 Norderstedt

Imprint
Publisher: BABADADA GmbH, Nedderfeld 112 , 22529 Hamburg, Germany
Managing Director / Publishing direction: Harald Hof
Print: Books on Demand GmbH, In de Tarpen 42, 22848 Norderstedt, Germany

școală

escola

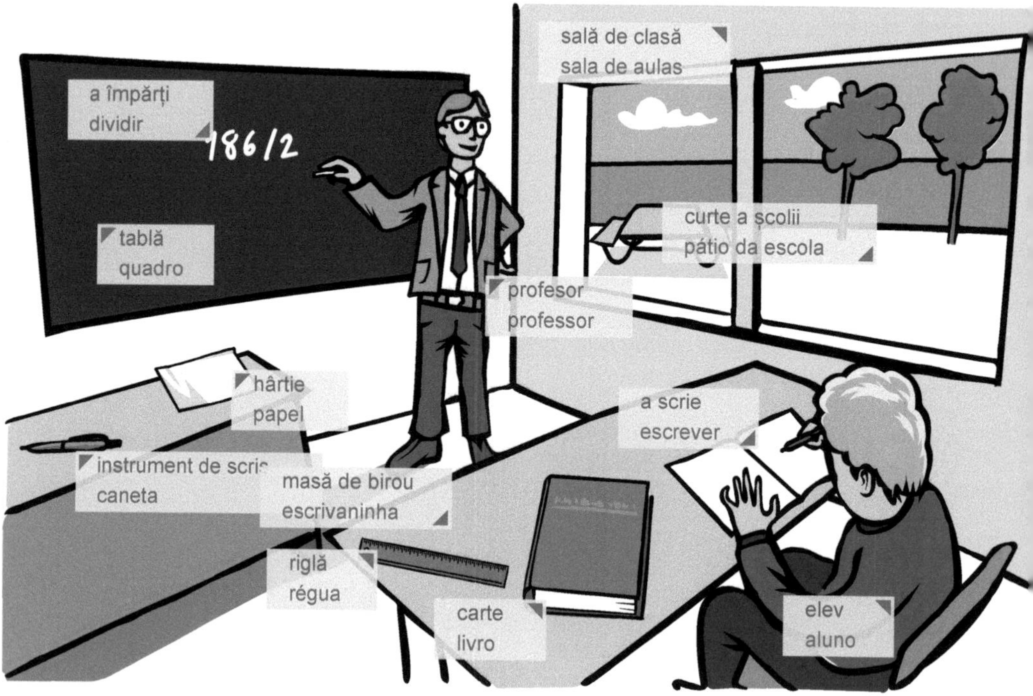

sală de clasă
sala de aulas
a împărți
dividir
186/2
tablă
quadro
curte a școlii
pátio da escola
profesor
professor
hârtie
papel
a scrie
escrever
instrument de scri
caneta
masă de birou
escrivaninha
riglă
régua
carte
livro
elev
aluno

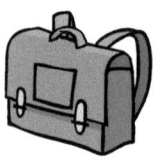

ghiozdan

sacola

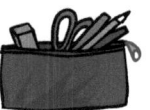

penar

estojo de lápis

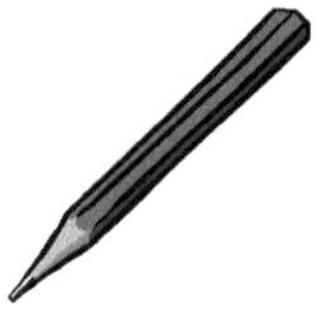

creion

lápis

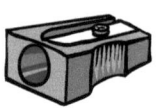

ascuțitoare

apontador de lápis

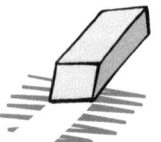

radieră

borracha

bloc de desen

bloco de desenho

desen
....
desenho

pensulă
....
pincel

cutie de acuarele
....
estojo de tintas

foarfece
....
tesoura

lipici
....
cola

caiet de exerciții
....
livro de exercícios

temă
....
lição de casa

număr
....
número

a aduna
....
somar

a scădea
....
subtrair

a multiplica
....
multiplicar

a calcula
....
calcular

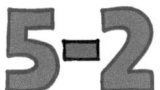

literă
....
letra

alfabet
....
alfabeto

cuvânt
....
palavra

text
texto

a citi
ler

cretă
giz

oră
hora

catalog
registro da classe

examen
exame

certificat
certificado

uniformă școlară
uniforme escolar

educație
educação

enciclopedie
enciclopédia

universitate
universidade

microscop
microscópio

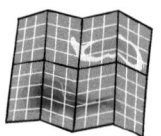

hartă
mapa

coș de gunoi
cesto de lixo

călătorie
viagem

hotel
hotel
Grand
hostel
albergue
ROOMS
EXCHANGE
casă de schimb valutar
casa de câmbio
valiză
mala
autovehicul
carro

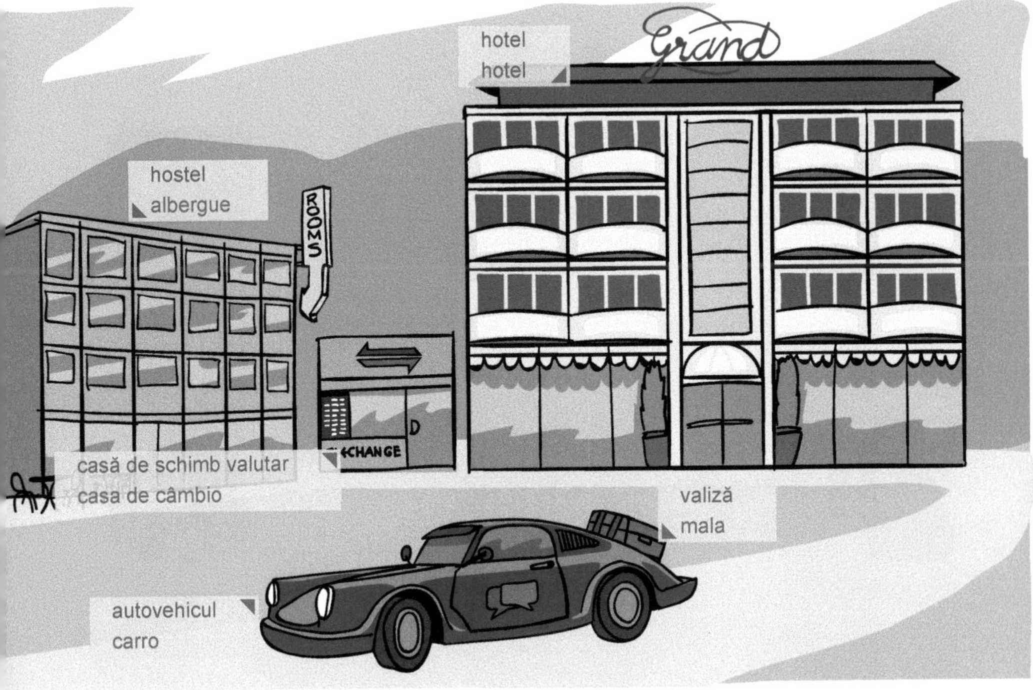

limbă

idioma

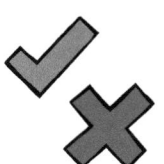

da/nu

sim / não

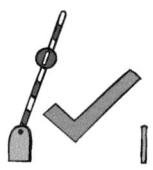

okay

ok

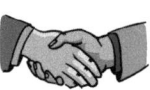

Bună!

Olá

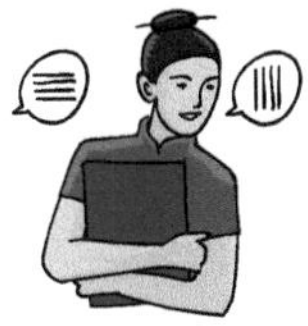

interpret

tradutor

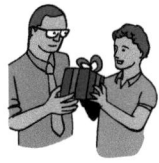

mulțumesc

obrigado

Cât costă...?

quanto custa...?

Nu înțeleg

eu não entendo

problemă

problema

Bună seara!

boa noite!

Bună dimineața!

Bom dia!

Noapte bună!

Boa noite!

la revedere

até logo

direcție

direção

bagaj

bagagem

geantă

bolsa

rucsac

mochila

oaspete

convidado

cameră

quarto

sac de dormit

saco de dormir

cort

barraca

punct de informare turistică

informação turística

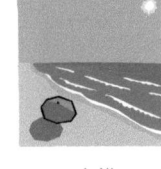

plajă

praia

carte de credit

cartão de crédito

mic dejun

café da manhã

masa de prânz

almoço

cină

jantar

bilet de călătorie

bilhete

lift

elevador

timbru poștal

selo

graniță

fronteira

vamă

alfândega

ambasadă

embaixada

viză

visto

pașaport

passaporte

transport
transporte

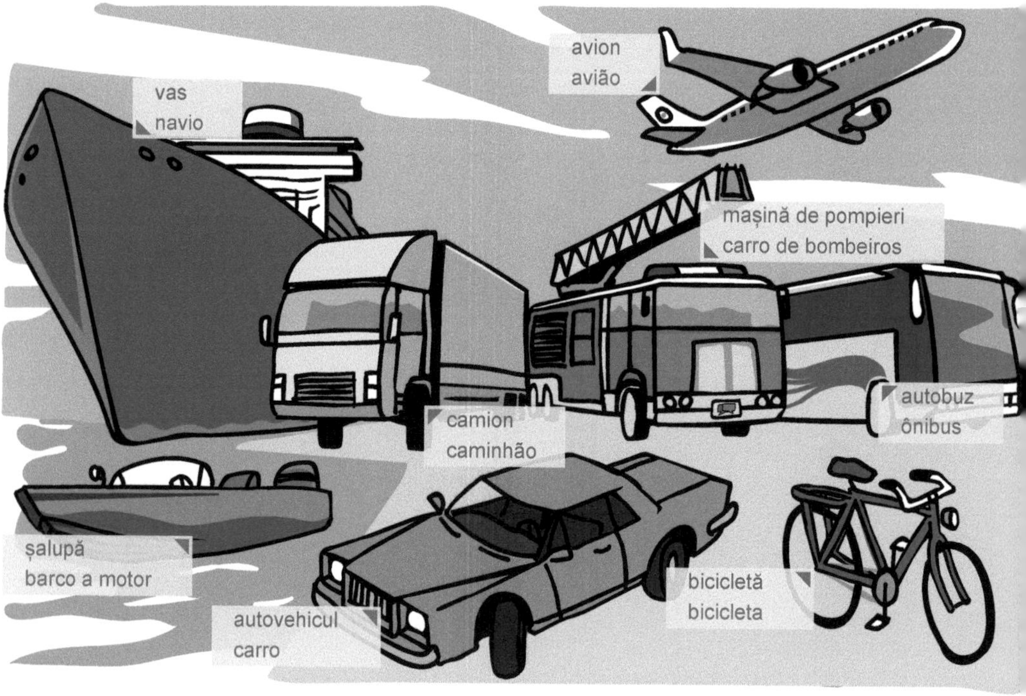
avion
avião
vas
navio
mașină de pompieri
carro de bombeiros
camion
caminhão
autobuz
ônibus
șalupă
barco a motor
bicicletă
bicicleta
autovehicul
carro

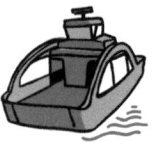

feribot
balsa

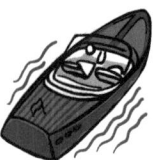

barcă
barco

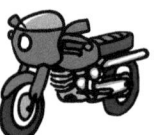

motocicletă
motocicleta

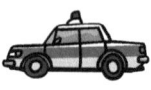

mașină de poliție
veículo policial

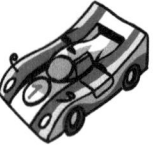

mașină de curse
carro de corrida

mașină închiriată
carro de aluguel

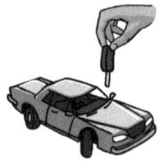

car sharing

compartilhamento de automóvel

mașină de tractat

caminhão de reboque

mașină de gunoi

caminhão de lixo

motor

motor

combustibil

combustível

benzinărie

posto de gasolina

semn de circulație

placa de trânsito

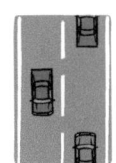

trafic

trânsito

ambuteiaj

trânsito lento

parcare

estacionamento

gară

estação de trem

șine

trilhos

tren

trem

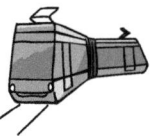

tramvai

bonde

vagon

vagão

elicopter
helicóptero

aeroport
aeroporto

turn
torre

pasager
passageiro

container
contêiner

carton
cartolina

căruță
carroça

coș
cesto

a decola/a ateriza
decolar / pousar

oraș
cidade

sat
vilarejo

centru
centro da cidade

casă
casa

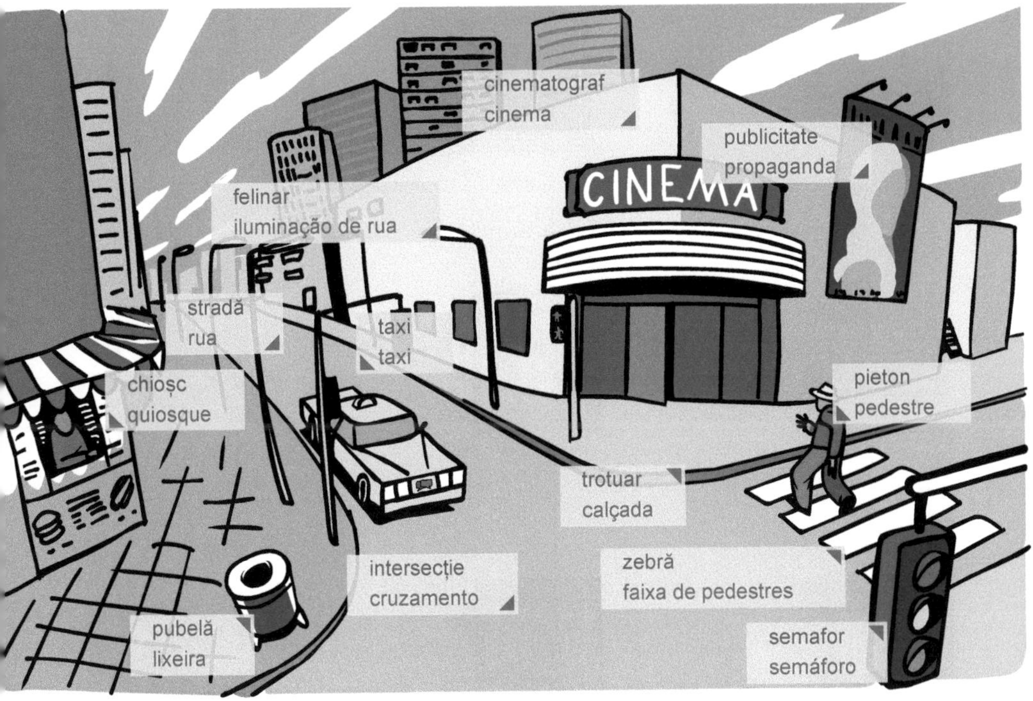

cinematograf
cinema

publicitate
propaganda

felinar
iluminaçăo de rua

CINEMA

stradă
rua

taxi
taxi

pieton
pedestre

chiosc
quiosque

trotuar
calçada

intersecţie
cruzamento

zebră
faixa de pedestres

pubelă
lixeira

semafor
semáforo

cabană

cabana

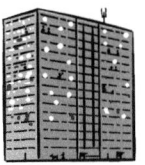

apartament

apartamento

gară

estaçăo de trem

primărie

prefeitura

muzeu

museu

şcoală

escola

universitate

universidade

bancă

banco

spital

hospital

hotel

hotel

farmacie

farmácia

birou

escritório

librărie

livraria

magazin

loja

florărie

floricultura

supermarket

supermercado

piață

mercado

magazin universal

loja de departamentos

comerciant de pește

peixaria

centru comercial

centro comercial

port

porto

parc

parque

bancă

banco

pod

ponte

trepte

escadas

metrou

metrô

tunel

túnel

staţie de autobuz

ponto de ônibus

bar

bar

restaurant

restaurante

cutie poştală

caixa de correspondência

tăbliţă indicatoare cu
numele străzii

placa de rua

parcometru

parquímetro

grădină zoologică

zoológico

piscină

piscina

moschee

mesquita

gospodărie țărănească

fazenda

poluare

poluição

cimitir

cemitério

biserică

igreja

loc de joacă

parquinho

templu

templo

peisaj
paisagem

frunză
folha

indicator
placa de sinalização

drum
caminho

pajiște
gramado

piatră
pedra

copac
árvore

drumeț
caminhantes

râu
rio

iarbă
grama

floare
flor

vale
vale

deal
montanha

lac
lago

pădure
floresta

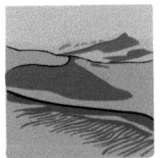

deșert
deserto

vulcan
vulcão

castel
castelo

curcubeu
arco-íris

ciupercă
cogumelo

palmier
palmeira

țânțar
mosquito

muscă
mosca

furnică
formiga

albină
abelha

păianjen
aranha

gândac

besouro

broască

sapo

veveriță

esquilo

arici

ouriço

iepure

lebre

bufniță

coruja

pasăre

pássaro

lebădă

cisne

porc mistreț

javali

cerb

veado

elan

alce

dig

barragem

turbină eoliană

aerogerador

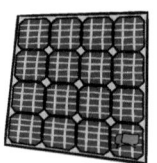

panou solar

painel solar

climă

clima

restaurant
restaurante

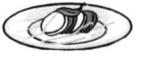

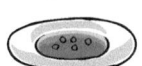

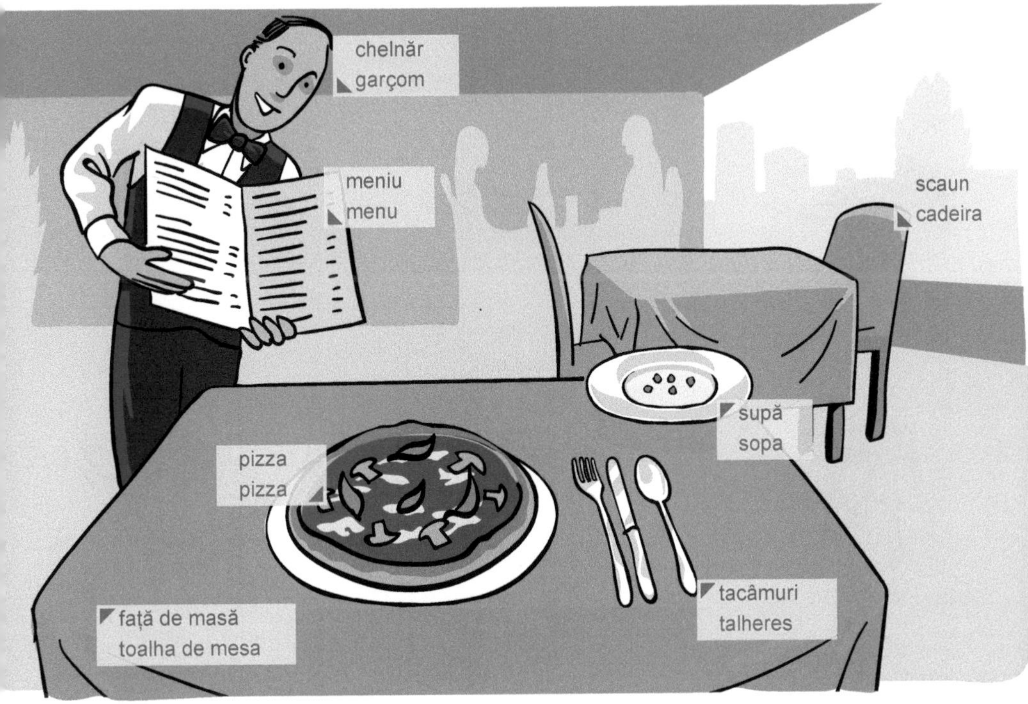
chelnăr
garçom
meniu
menu
scaun
cadeira
supă
sopa
pizza
pizza
față de masă
toalha de mesa
tacâmuri
talheres

antreu

entrada

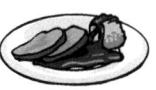

fel principal

prato principal

desert

sobremesa

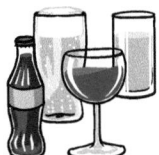

băuturi

bebidas

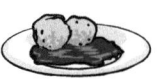

mâncare

comida

sticlă

garrafa

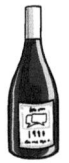

fastfood
fastfood

streetfood
comida de rua

ceainic
bule de chá

zaharniță
açucareiro

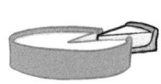

porție
porção

espressor
máquina de expresso

scaun înalt (pentru copii)
cadeirão

factură
conta

tavă
bandeja

cuțit
faca

furculiță
garfo

lingură
colher

linguriță
colher de chá

șervețel
guardanapo

pahar
copo

farfurie

prato

farfurie de supă

prato de sopa

farfurie

pires

sos

molho

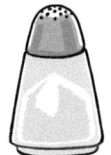

solniță

saleiro

râșniță de piper

moedor de pimenta

oțet

vinagre

ulei

óleo

condimente

especiarias

ketchup

ketchup

muștar

mostarda

maioneză

maionese

supermarket
supermercado

ofertă
oferta especial
client
cliente
produse lactate
laticínios
FOR
fructe
frutas
cărucior de cumpărături
carrinho de compras

BUTCHERS

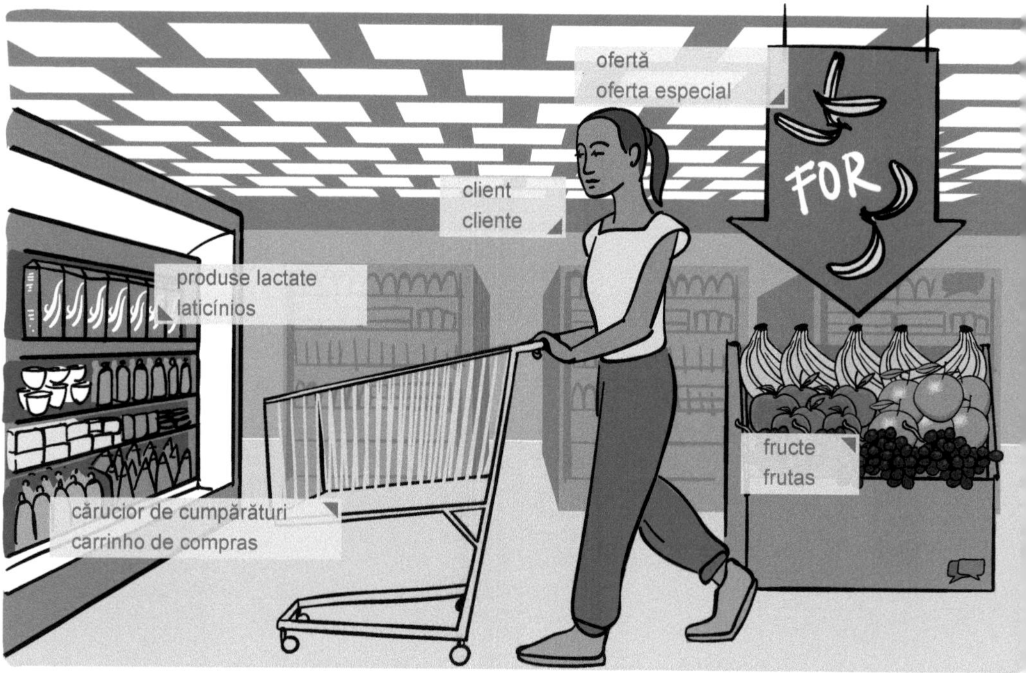

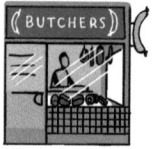

măcelărie

açougue

BAKERY

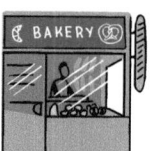

brutărie

padaria

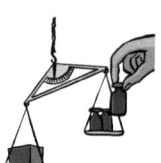

a cântări

pesar

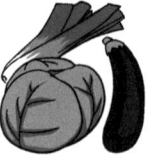

legume

legumes

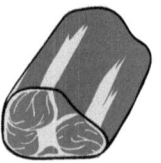

carne

carne

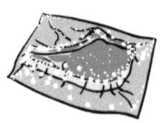

alimente refrigerate

congelados

ezeluri și brânzeturi feliate

....

charcutaria

conserve

....

conservas

detergent

....

detergente em pó

dulciuri

....

doces

articole de menaj

....

artigos domésticos

produse de curățenie

....

produtos de limpeza

vânzătoare

....

vendedora

casă

....

caixa

casier

....

caixa

listă de cumpărături

....

lista de compras

orar

....

horário de funcionamento

portmoneu

....

carteira

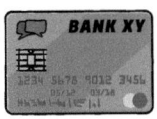

carte de credit

....

cartão de crédito

geantă

....

sacola

pungă de plastic

....

saco plástico

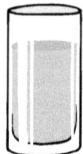

apă

água

suc

suco

lapte

leite

cola

coca-cola

vin

vinho

bere

cerveja

alcool

álcool

cacao

cacau

ceai

chá

cafea

café

espresso

expresso

cappucino

cappuccino

banane

banana

măr

maçã

portocală

laranja

pepene

melão

lămâie

limão

morcov

cenoura

usturoi

alho

bambus

bambu

ceapă

cebola

ciupercă

cogumelo

nuci

nozes

paste făinoase

macarrão

spagheti

espaguete

orez

arroz

salată

salada

cartofi prăjiți

batatas fritas

cartofi țărănești

batatas frias

pizza

pizza

hamburger

hambúrger

sandwich

sanduíche

șnițel

escalope

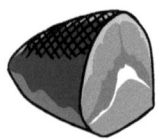

șuncă

presunto

salam

salame

cârnați

salsicha

pui

galinha

friptură

assado

pește

peixe

mâncare - comida

fulgi de ovăz

flocos de aveia

musli

granola

cereale

flocos de milho

făină

farinha

corn

croissant

chifle

pãozinho

pâine

pão

pâine prăjită

torrada

biscuiți

biscoitos

unt

manteiga

brânză de vaci

requeijão

prăjitură

bolo

ou

ovo

ouă ochiuri

ovo frito

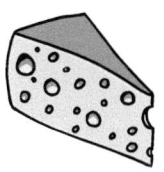

brânză

queijo

îngheţată

sorvete

zahăr

açúcar

miere

mel

marmeladă

geleia

cremă nuga

creme de avelãs

curry

curry

mâncare - comida

gospodărie țărănească
fazenda

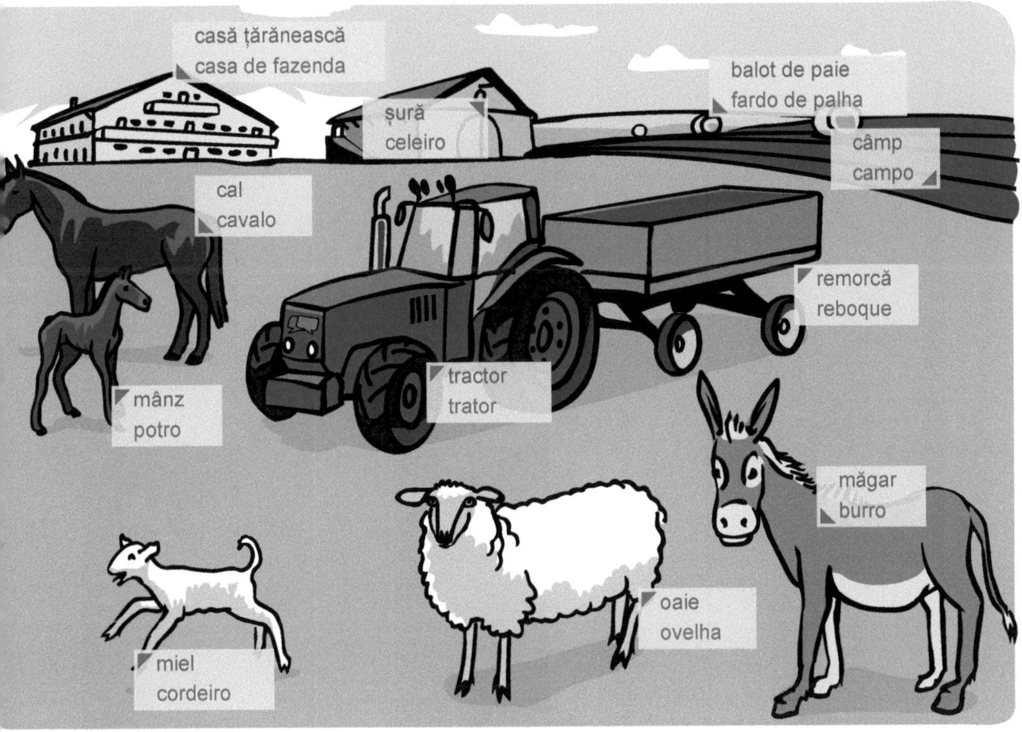

casă țărănească
casa de fazenda
șură
celeiro
balot de paie
fardo de palha
câmp
campo
cal
cavalo
remorcă
reboque
tractor
trator
mânz
potro
măgar
burro
oaie
ovelha
miel
cordeiro

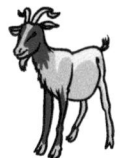

capră

cabra

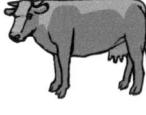

vacă

vaca

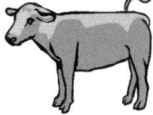

vițel

bezerro

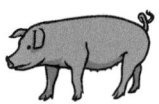

porc

porco

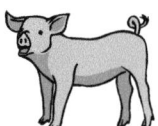

purcel

leitão

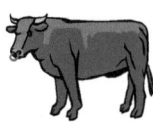

taur

touro

găină

ganso

rață

pato

pui

pintinho

găină

galinha

cocoș

galo

șobolan

ratazana

pisică

gato

șoarece

camundongo

bou

boi

câine

cachorro

cușcă

casinha do cachorro

furtun de grădină

mangueira de jardim

stropitoare

regador

coasă

foice

plug

arado

seceră

foice

sapă

enxada

furcă

forquilha

secure

machado

roabă

carrinho de mão

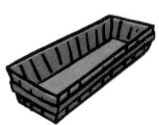

troacă

manjedoura

cană pentru lapte

jarra de leite

sac

saco

gard

cerca

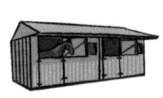

grajd

estábulo

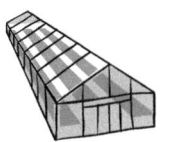

seră

estufa

sol

solo

sămânţă

semente

fertilizator

fertilizante

combină de treierat

colheitadeira

a culege
colher

recoltă
colheita

cartof yam
inhame

grâu
trigo

soia
soja

cartof
batata

porumb
milho

rapiță
colza

pom fructifer
árvore frutífera

manioc
mandioca

cereale
cereais

gospodărie țărănească - fazenda

casă
casa

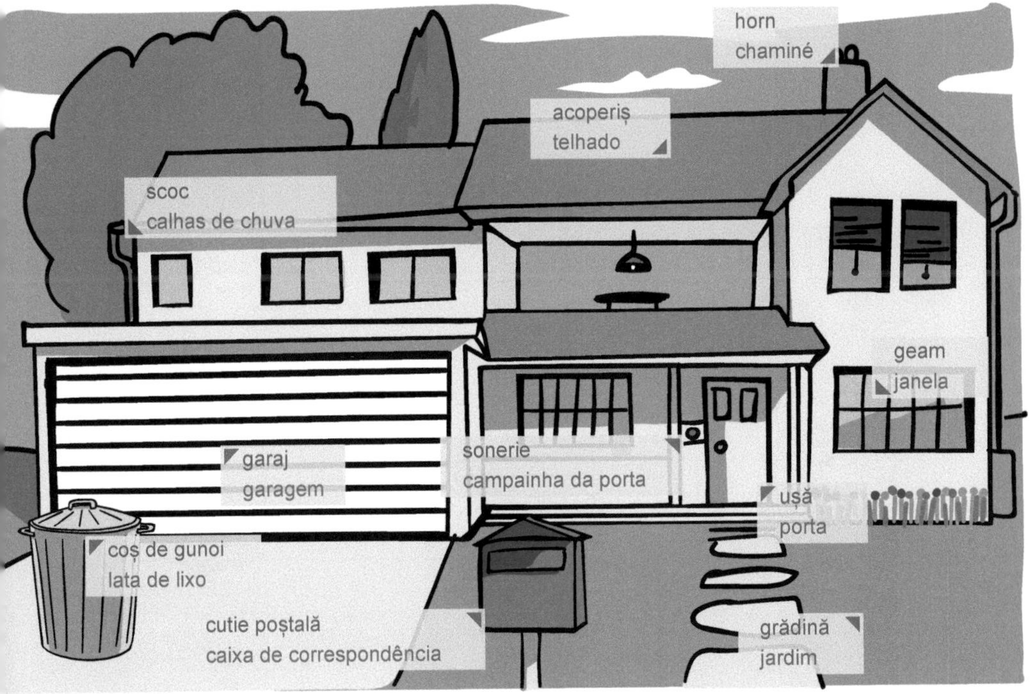
horn
chaminé
acoperiș
telhado
scoc
calhas de chuva
geam
janela
garaj
garagem
sonerie
campainha da porta
ușă
porta
coș de gunoi
lata de lixo
cutie poștală
caixa de correspondência
grădină
jardim

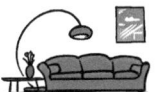

cameră de zi

sala de estar

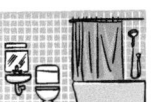

baie

banheiro

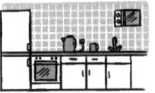

bucătărie

cozinha

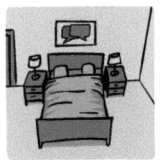

dormitor

quarto de dormir

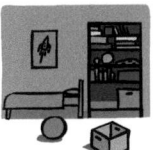

camera copiilor

quarto de criança

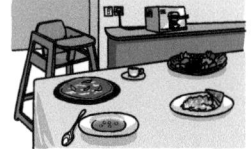

sufragerie

sala de jantar

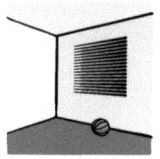

podea

chão

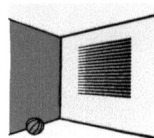

perete

parede

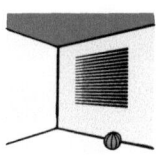

tavan

teto

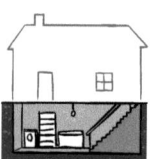

pivniță

porão

saună

sauna

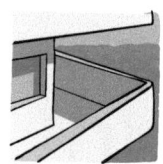

balcon

varanda

terasă

terraço

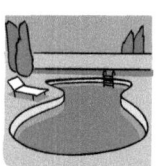

piscină

piscina

mașină de tuns iarba

cortador de grama

cearșaf

lençol

cuvertură

coberta

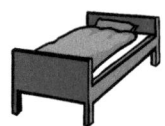

pat

cama

mătură

vassoura

găleată

balde

întrerupător

interruptor

camеră de zi

sala de estar

tapet
papel de parede
pictură
quadro
lampă
lâmpada
raft
prateleira
dulap
armário
televizor
televisão
șemineu
lareira
floare
flor
pernă
travesseiro
sofa
sofá
vază
vaso
telecomandă
controle remoto

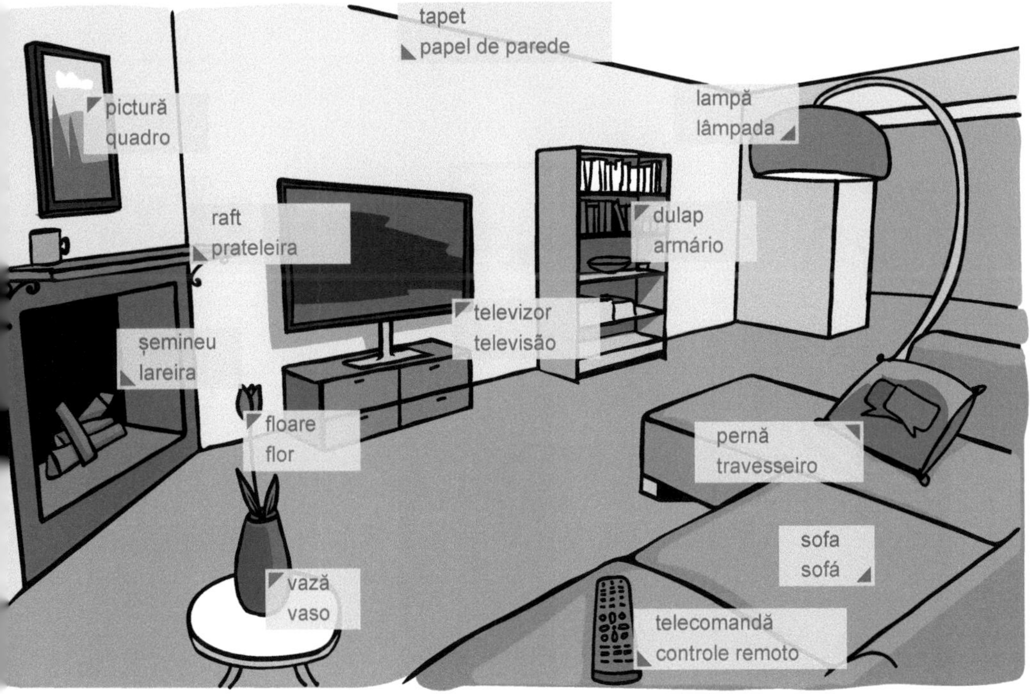

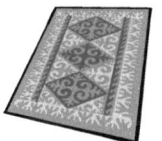

covor

tapete

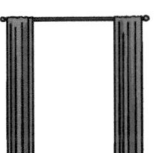

perdea

cortina

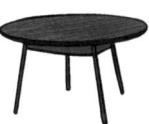

masă

mesa

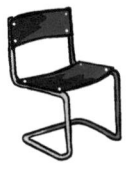

scaun

cadeira

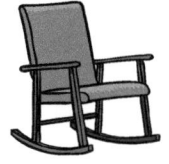

balansoar

cadeira de balanço

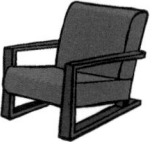

fotoliu

poltrona

carte

livro

pătură

cobertor

decoraţiune

decoração

lemn de foc

lenha

film

filme

instalaţie stereo

equipamento de som

cheie

chave

ziar

jornal

desen

pintura

poster

pôster

radio

rádio

caiet de notiţe

bloco de notas

aspirator

aspirador

cactus

cacto

lumânare

vela

bucătărie
cozinha

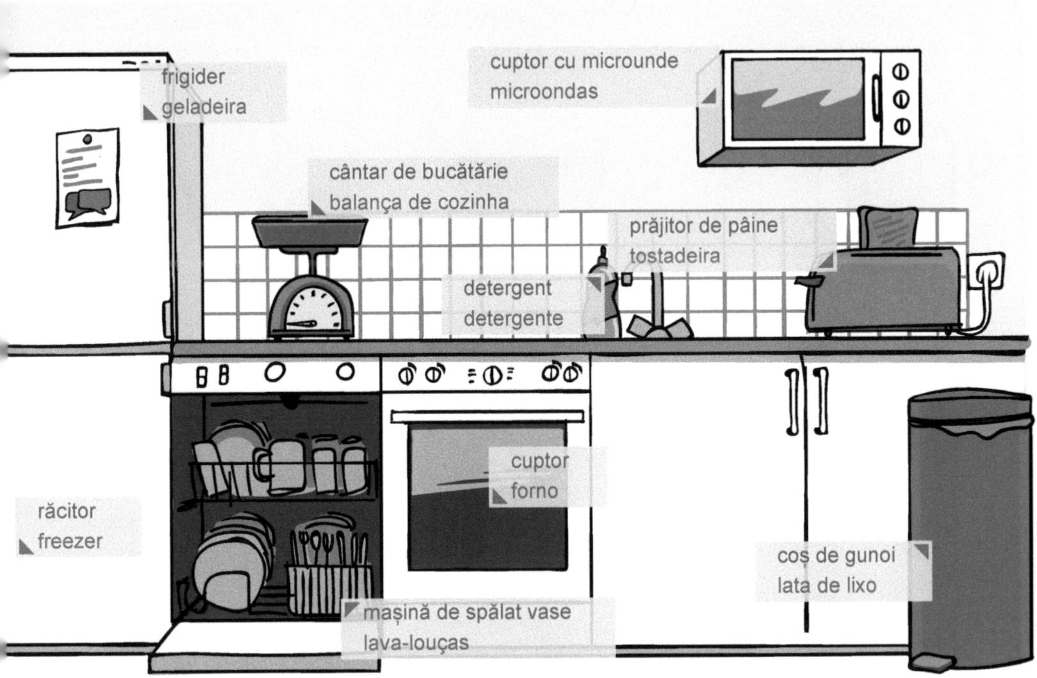

frigider
geladeira
cuptor cu microunde
microondas
cântar de bucătărie
balança de cozinha
prăjitor de pâine
tostadeira
detergent
detergente
cuptor
forno
răcitor
freezer
coș de gunoi
lata de lixo
mașină de spălat vase
lava-louças

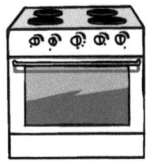

cuptor

fogão

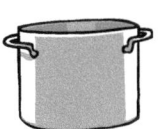

oală

panela

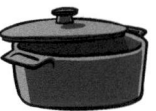

oală de metal

panela de ferro

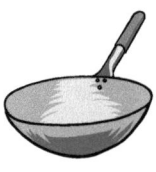

wok/kadai

wok / kadai

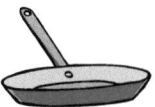

tigaie

frigideira

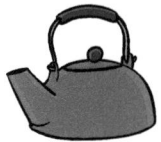

ceainic

chaleira

oală de gătit cu aburi

panela a vapor

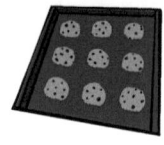

tavă de copt

tabuleiro de forno

veselă

louça

pahar

caneca

bol

caçarola

bețișoare

hashi

polonic

concha de sopa

spatulă

espátula

tel

batedor

sită

escorredor

sită

peneira

răzătoare

ralador

mojar

almofariz

grătar

churrasqueira

loc pentru grătar

lareira

tocător

tábua de cortar

sucitor

rolo da massa

tirbușon

saca-rolhas

conservă

lata

deschizător de conserve

abridor de latas

șervete termice

pegador de panela

chiuvetă

pia

perie

escova

burete

esponja

mixer

liquidificador

ladă frigorifică

congelador

biberon

mamadeira

robinet

torneira

baie
banheiro

duș
ducha
încălzire
aquecimento
prosop
toalha
perdea de duș
cortina de chuveiro
baie cu spumă
banho de espuma
cadă
banheira
mașină de spălat
lava-roupa
pahar
copo
robinet
torneira
gresie
azulejos
oală de noapte
penico
chiuvetă
pia

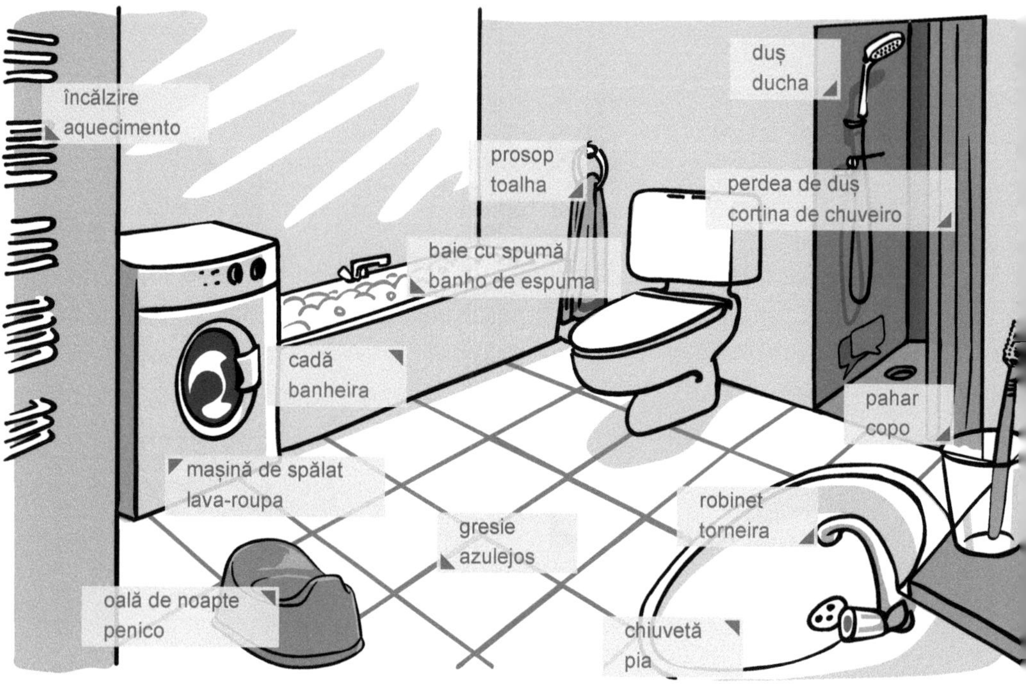

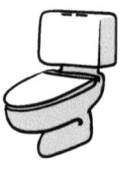

toaletă

vaso sanitário

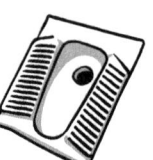

toaletă turcescă

lavabo de agachar

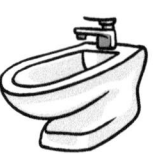

bideu

bidê

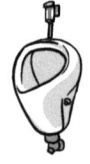

pisoir

mictório

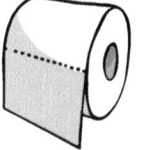

hârtie igienică

papel higiênico

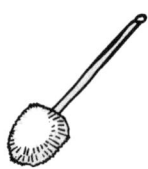

perie de toaletă

escova de privada

periuță de dinți

escova de dentes

pastă de dinți

pasta de dentes

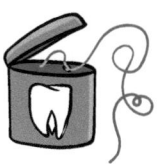

ață dentară

fio dental

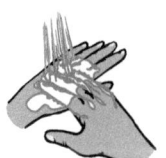

a spăla

lavar

cap de duș

ducha de mão

duș intim

ducha íntima

lavoar

bacia

perie pentru spate

escova para as costas

săpun

sabonete

gel de duș

gel de banho

șampon

xampu

cârpă de spălat

toalha de rosto

scurgere

escoamento

cremă

creme

deodorant

desodorante

oglindă

espelho

oglindă cosmetică

espelho de mão

aparat de ras

barbeador

spumă de ras

espuma de barbear

aftershave

loção pós-barba

pieptene

pente

perie

escova

uscător de păr

secador de cabelo

fixator

spray de cabelo

machiaj

maquiagem

ruj

batom

lac de unghii

esmalte de unhas

vată

algodão

foarfece de unghii

tesoura para unhas

parfum

perfume

neseser
nécessaire

taburet
banquinho

cântar
balança

halat de baie
roupão de banho

mănuși de cauciuc
luvas de borracha

tampon
absorvente interno

tampon
absorvente íntimo

toaletă chimică
banheiro químico

camera copiilor
quarto de criança

ceas deșteptător
despertador
jucărie de pluș
boneco de pelúcia
mașină de jucărie
carrinho de brinquedo
morișcă
chacoalho
casă de păpuși
casa de bonecas
cadou
presente

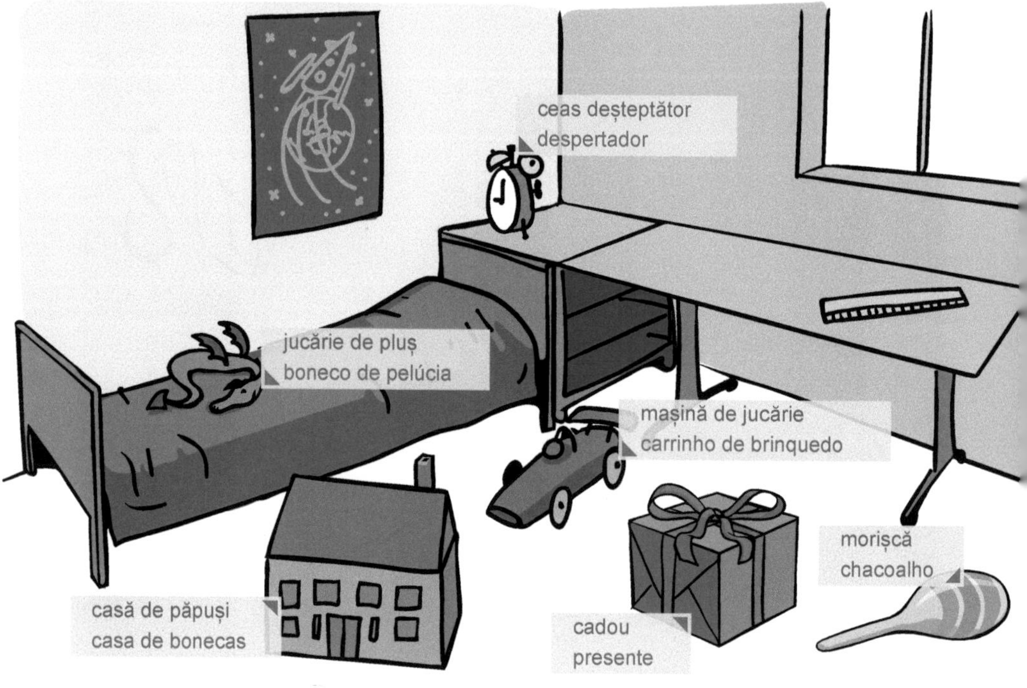

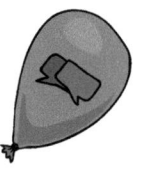

balon

balão

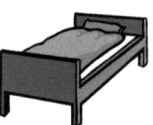

pat

cama

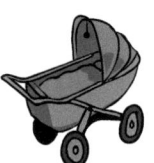

cărucior de copii

carrinho de bebê

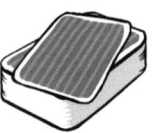

joc de cărți

jogo de cartas

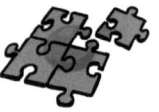

puzzle

quebra-cabeças

SUPER
MEGA

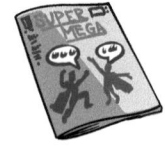

revistă de benzi desenate

revista de quadrinhos

cuburi lego

peças de Lego

piese pentru construcții

blocos de construção

personaj din filmele de acțiune

figura de ação

body

macaquinho de bebê

frisbee

frisbee

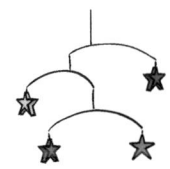

mobil

móbile para bebé

joc de societate

jogo de tabuleiro

zar

dados

set trenuleț de jucărie

trenzinho elétrico

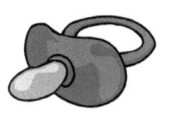

suzetă

chupeta

petrecere

festa

carte cu poze

livro ilustrado

minge

bola

păpușă

boneca

a se juca

brincar

groapă de nisip

caixa de areia

leagăn

balanço

jucării

brinquedos

consolă video

videogame

tricicletă

triciclo

ursuleț

ursinho de pelúcia

dulap

guarda-roupa

șosete

meias

ciorapi

meias pelo joelho

dres

meias-calças

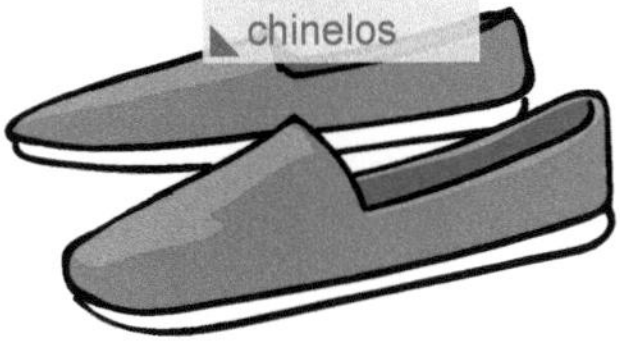

şal
cachecol

umbrelă
guarda-chuva

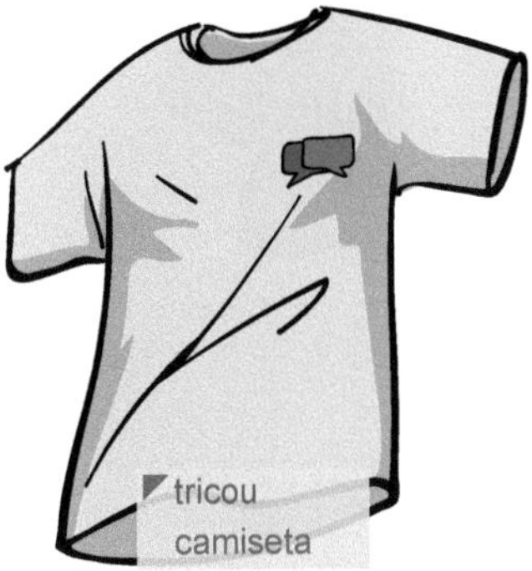

tricou
camiseta

curea
cinto

cizme
botas

papuci
chinelos

pantofi sport
tênis

sandale
....
sandálias

încălțăminte
....
sapatos

cizme de cauciuc
....
botas de borracha

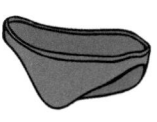

chilot
....
roupa de baixo

sutien
....
sutiã

maiou
....
camiseta de baixo

body
body

pantaloni
calças

blugi
jeans

fustă
saia

bluză
blusa

cămașă
camisa

pulover
pulôver

jerseu
suéter com capuz

sacou
blazer

jachetă
jaqueta

palton
casaco

pelerină de ploaie
gabardine

costum
traje

rochie
vestido

rochie de mireasă
vestido de casamento

costum
terno

cămașă de noapte
camisola

pijama
pijama

sari
sari

batic
lenço de cabeça

turban
turbante

burka
burca

caftan
cafetã

abaya
abaya

costum de baie
maiô

șort
sunga

pantaloni scurți
shorts

trening
roupa de treino

șorț
avental

mănuși
luvas

îmbrăcăminte - vestuário

nasture

botão

ochelari

óculos

brăţară

pulseira

lanţ

colar

inel

anel

cercel

brinco

căciulă

boné

umeraş

cabide

pălărie

chapéu

cravată

gravata

fermoar

zíper

cască

capacete

bretele

suspensórios

uniformă şcolară

uniforme escolar

uniformă

uniforme

bavețică
....
babador

suzetă
....
chupeta

scutec
....
fralda

birou
escritório

server
servidor

dulap de acte
armário de arquivos

imprimantă
impressora

monitor
monitor

hârtie
papel

masă de birou
escrivaninha

mouse
mouse

fișier
pasta

tastatură
teclado

scaun
cadeira

coș de gunoi
cesto de lixo

computer
computador

ceașcă de cafea
....
xícara de café

calculator
....
calculadora

internet
....
internet

laptop
laptop

scrisoare
carta

mesaj
mensagem

telefon mobil
celular

rețea
rede

copiator
copiadora

software
software

telefon
telefone

priză
tomada

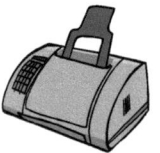

fax
fax

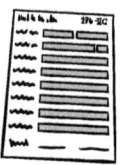

formular
formulário

document
documento

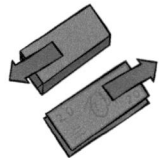

a cumpăra

comprar

a plăti

pagar

a face comerț

negociar

bani

dinheiro

Dolar

Dólar

Euro

Euro

Yen

Yen

Rublă

rublo

Franc Elvețian

franco suíço

renminbi yuan

renminbi yuan

Rupie

rupia

bancomat

caixa eletrônico

casă de schimb valutar
casa de câmbio

aur
ouro

argint
prata

petrol
petróleo

energie
energia

preț
preço

contract
contrato

impozit
imposto

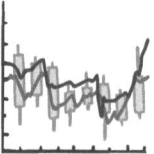

acțiune
ação

a munci
trabalhar

angajat
empregado

angajator
empregador

fabrică
fábrica

magazin
loja

ocupații
profissões

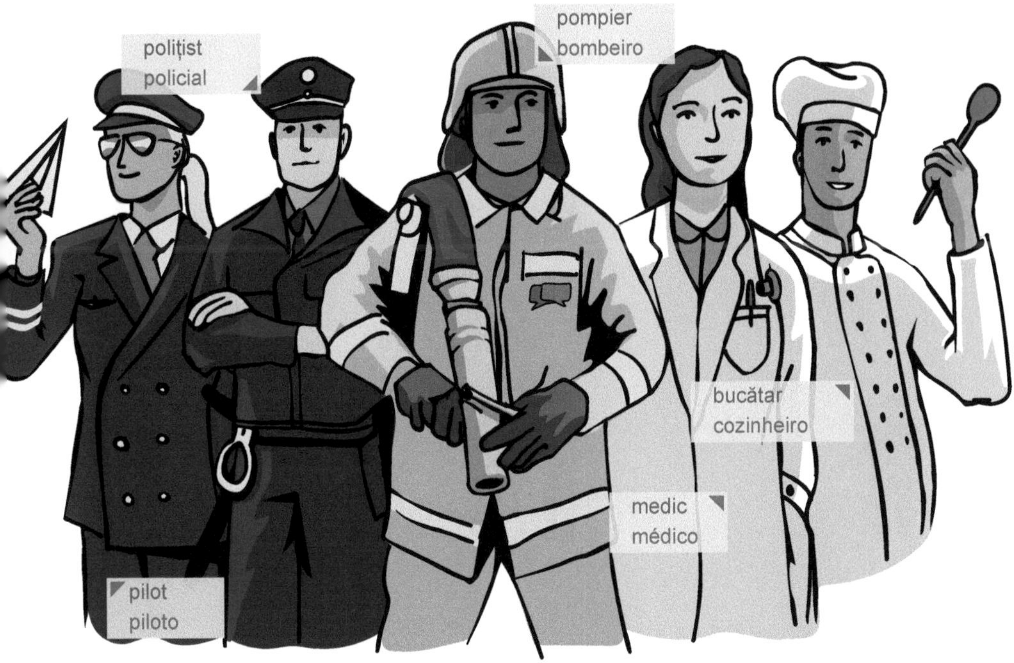
pompier
bombeiro
polițist
policial
bucătar
cozinheiro
medic
médico
pilot
piloto

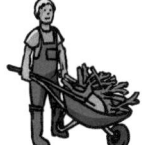

grădinar

jardineiro

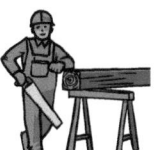

tâmplar

marceneiro

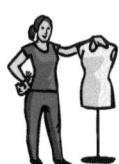

cusătoreasă

costureira

judecător

juiz

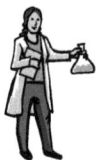

chimist

químico

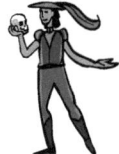

actor

ator

şofer de autobuz

motorista de ônibus

şofer de taxi

motorista de táxi

pescar

pescador

femeie de serviciu

faxineira

tinichigiu

telhador

chelnăr

garçom

vânător

caçador

pictor

pintor

brutar

padeiro

electrician

eletricista

muncitor în construcţii

construtor

inginer

engenheiro

măcelar

açougueiro

instalator

encanador

poştaş

carteiro

ocupaţii - profissões

soldat

soldado

arhitect

arquiteto

casier

caixa

florar

florista

frizer

cabelereiro

controlor

condutor

mecanic

mecânico

căpitan

capitão

stomatolog

dentista

om de știință

cientista

rabin

rabino

imam

imam

călugăr

monge

preot

pastor

instrumente
ferramentas

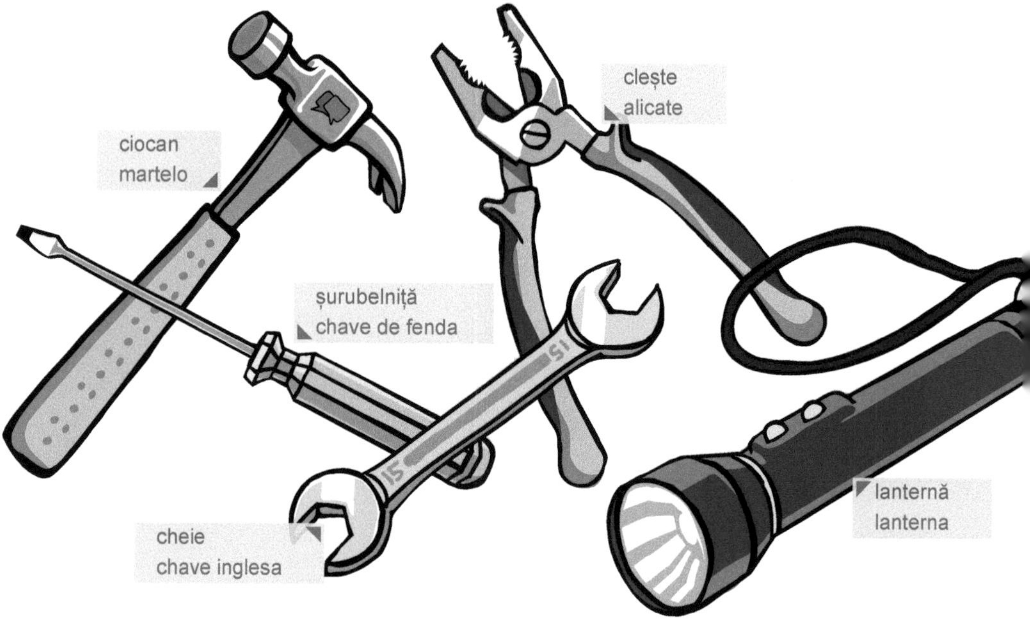

clește
alicate
ciocan
martelo
șurubelniță
chave de fenda
lanternă
lanterna
cheie
chave inglesa

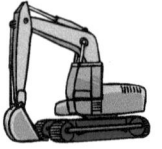

excavator

escavadora

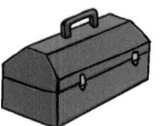

cutie de scule

caixa de ferramentas

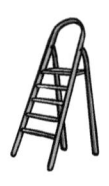

scară

escada de mão

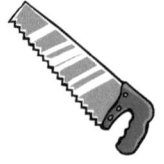

ferăstrău

serra

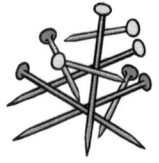

cuie

pregos

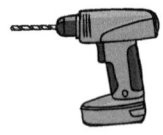

burghiu

furadeira

a repara
consertar

lopată
pá

La naiba!
Droga!

făraș
pá de lixo

vas pentru vopsea
pote de tinta

șuruburi
parafusos

instrumente muzicale
instrumentos musicais

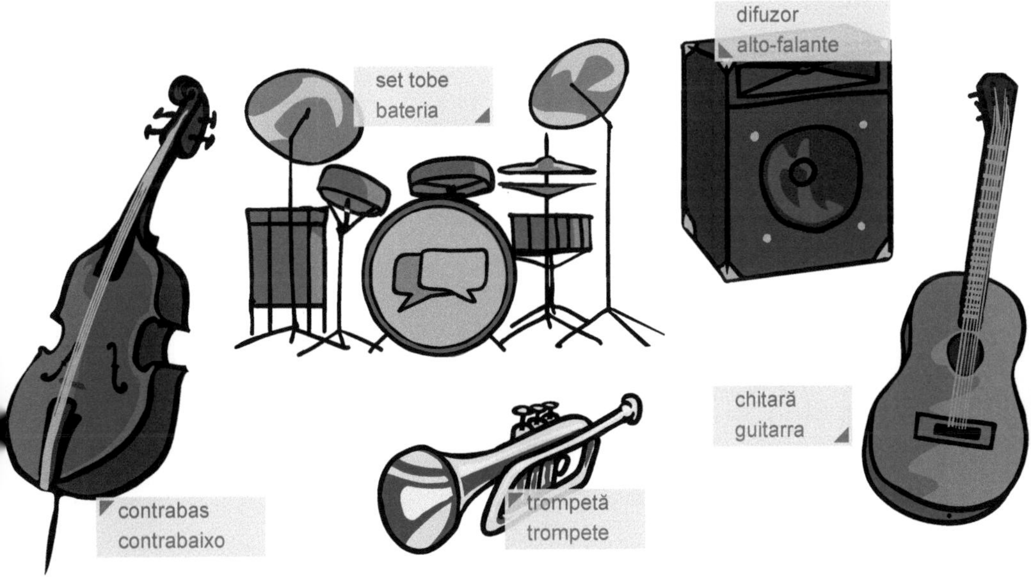

set tobe
bateria

difuzor
alto-falante

chitară
guitarra

contrabas
contrabaixo

trompetă
trompete

pian
piano

vioară
violino

bas
baixo

trombon
timbales

tobă
tambor

keyboard
teclado

saxofon
saxofone

fluier
flauta

microfon
microfone

grădină zoologică

zoológico

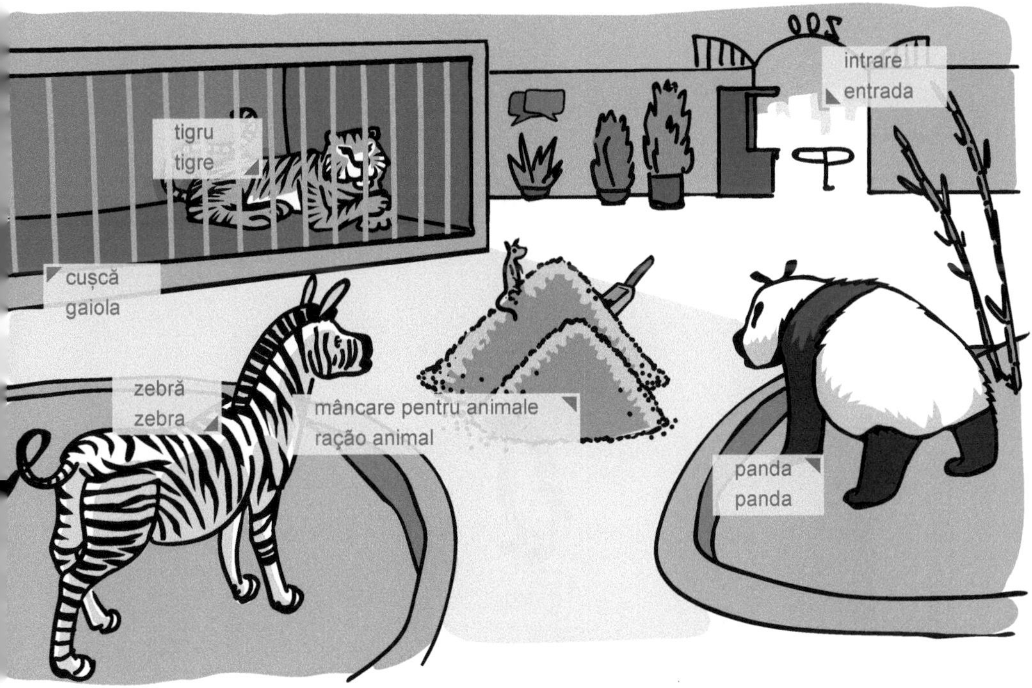

intrare
entrada
tigru
tigre
cuşcă
gaiola
zebră
zebra
mâncare pentru animale
ração animal
panda
panda

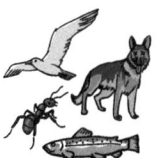

animale

animais

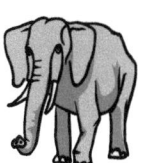

elefant

elefante

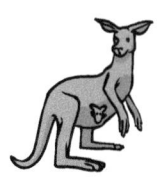

cangur

canguru

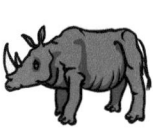

rinocer

rinoceronte

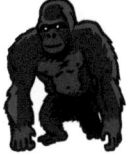

gorilă

gorila

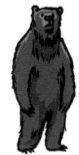

urs

urso

cămilă

camelo

struț

avestruz

leu

leão

maimuță

macaco

flamingo

flamingo

papagal

papagaio

urs polar

urso polar

pinguin

pinguim

rechin

tubarão

păun

pavão

șarpe

cobra

crocodil

crocodilo

îngrijitor grădina zoologică

guarda do zoológico

focă

foca

jaguar

jaguar

grădină zoologică - zoológico

ponei

pônei

leopard

leopardo

hipopotam

hipopótamo

girafă

girafa

acvilă

águia

porc mistreț

javali

pește

peixe

broască țestoasă

tartaruga

morsă

morsa

vulpe

raposa

gazelă

gazela

fotbal american
futebol americano

ciclism
ciclismo

tenis
tênis

basketball
basquete

înot
natação

box
boxe

hockey pe gheață
hóquei no gelo

fotbal
futebol

badminton
badminton

atletism
atletismo

handbal
handebol

schi
esqui

polo
polo

activități
atividades

a sări
pular
a îmbrățișa
abraçar
a râde
rir
a merge
andar
a cânta
cantar
a visa
sonhar
a se ruga
rezar
a săruta
beijar

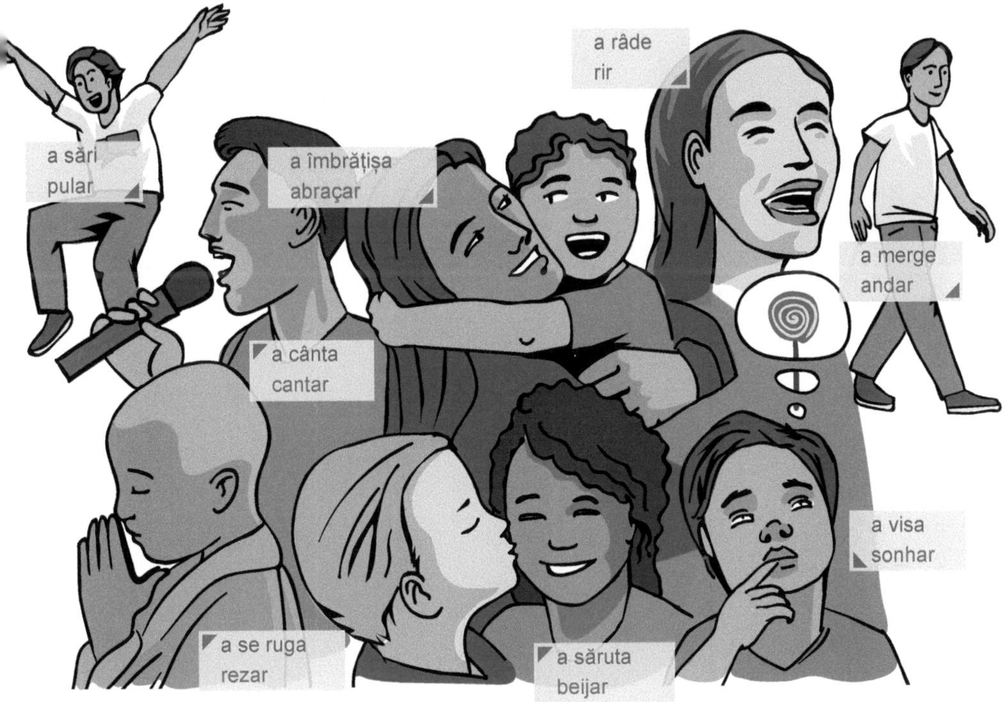

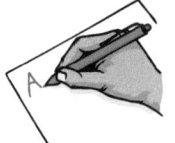

a scrie
escrever

a desena
desenhar

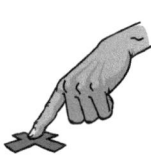

a arăta
mostrar

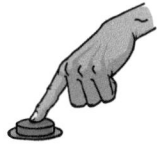

a împinge
empurrar

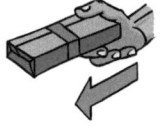

a da
dar

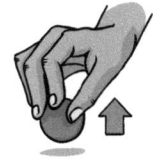

a lua
tomar

a avea
ter

a face
fazer

a fi
ser

a sta în picioare
ficar de pé

a fugi
correr

a trage
puxar

a arunca
jogar

a cădea
cair

a sta întins
deitar

a aștepta
esperar

a purta
carregar

a ședea
sentar

a se îmbrăca
vestir

a dormi
dormir

a se trezi
despertar

a privi

olhar para

a plânge

chorar

a mângâia

acariciar

a se pieptăna

pentear

a vorbi

falar

a înțelege

entender

a întreba

perguntar

a asculta

ouvir

a bea

beber

a mânca

comer

a face ordine

arrumar

a iubi

amar

a găti

cozinhar

a conduce

dirigir

a zbura

voar

a naviga

velejar

a calcula

calcular

a citi

ler

a învăța

aprender

a munci

trabalhar

a se căsători

casar

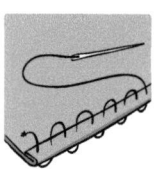

a coase

costurar

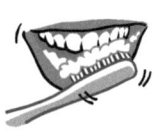

a se spăla pe dinți

escovar os dentes

a ucide

matar

a fuma

fumar

a trimite

enviar

familie
família

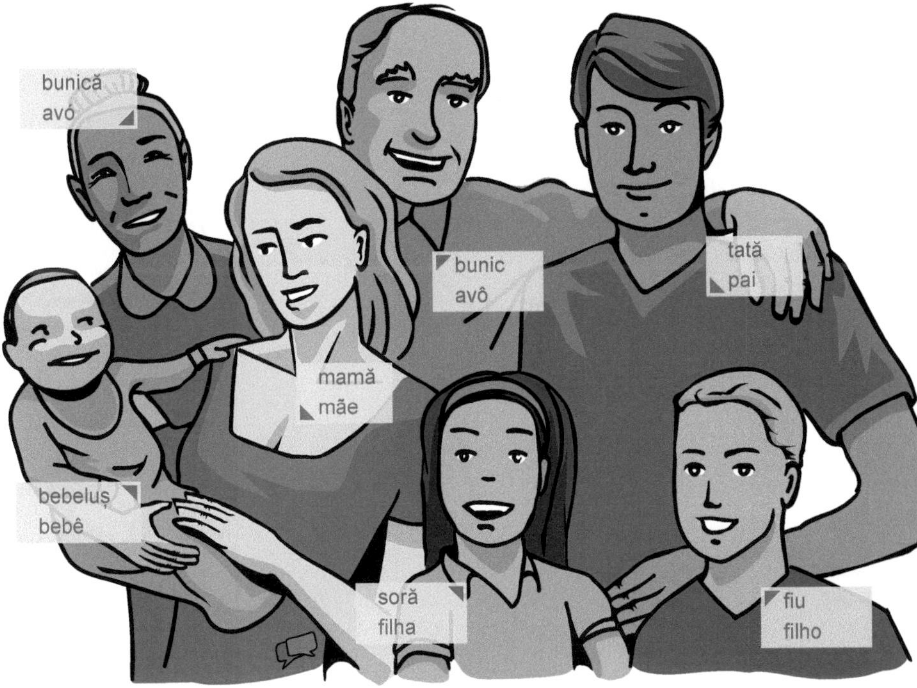

bunică
avó
bunic
avô
tată
pai
mamă
mãe
bebeluș
bebê
soră
filha
fiu
filho

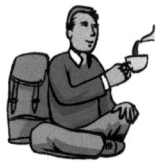

oaspete

convidado

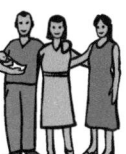

mătușă

tia

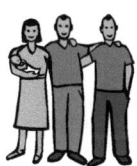

unchi

tio

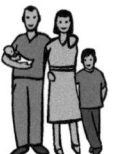

frate

irmão

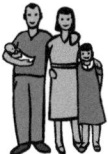

soră

irmã

corp
corpo

frunte
testa
ochi
olho
umăr
ombro
deget
dedo
față
rosto
bărbie
queixo
mână
mão
piept
peito
picior
perna
braț
braço

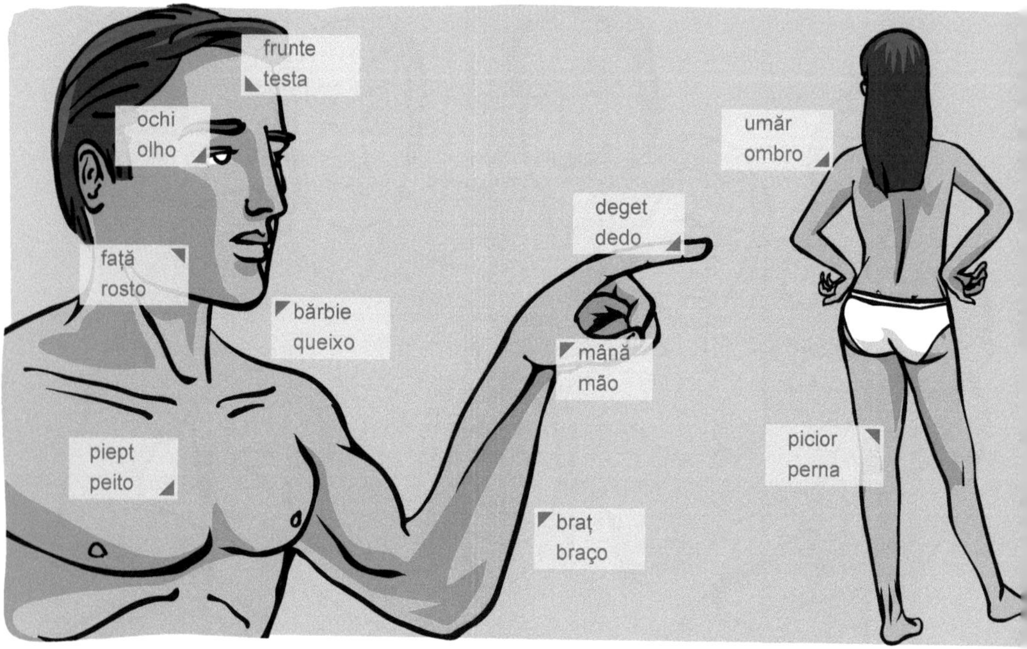

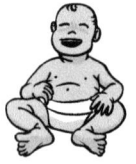

bebeluș

bebê

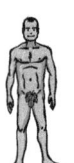

bărbat

homem

femeie

mulher

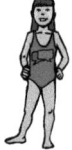

fată

menina

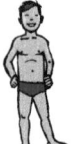

băiat

menino

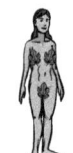

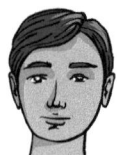

cap

cabeça

spate
costas

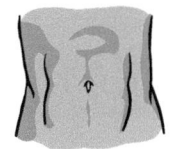

abdomen
barriga

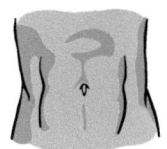

ombilic
umbigo

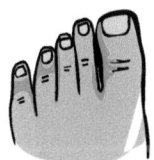

deget de la picior
dedo do pé

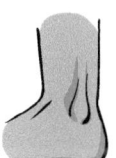

călcâi
calcanhar

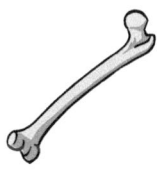

os
osso

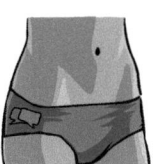

șold
anca

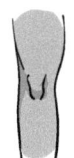

genunchi
joelho

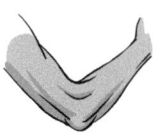

cot
cotovelo

nas
nariz

fund
nádegas

piele
pele

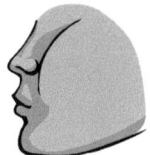

obraz
bochecha

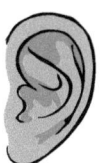

ureche
orelha

buză
lábio

corp - corpo

gură
boca

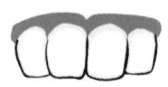

dinte
dente

limbă
língua

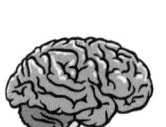

creier
cérebro

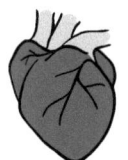

inimă
coração

mușchi
músculo

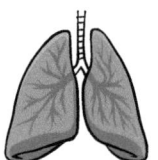

plămân
pulmão

ficat
fígado

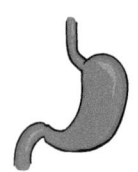

stomac
estômago

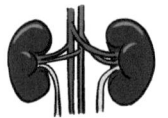

rinichi
rins

sex
relações sexuais

prezervativ
preservativo

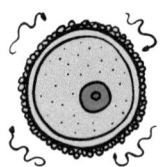

ovul
óvulo

spermă
esperma

sarcină
gravidez

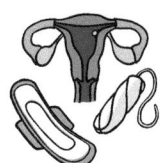

menstruație
menstruação

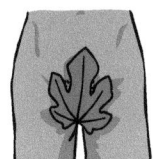

vagin
vagina

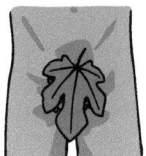

penis
pênis

sprânceană
sobrancelha

păr
cabelo

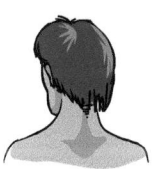

gât
pescoço

spital
hospital

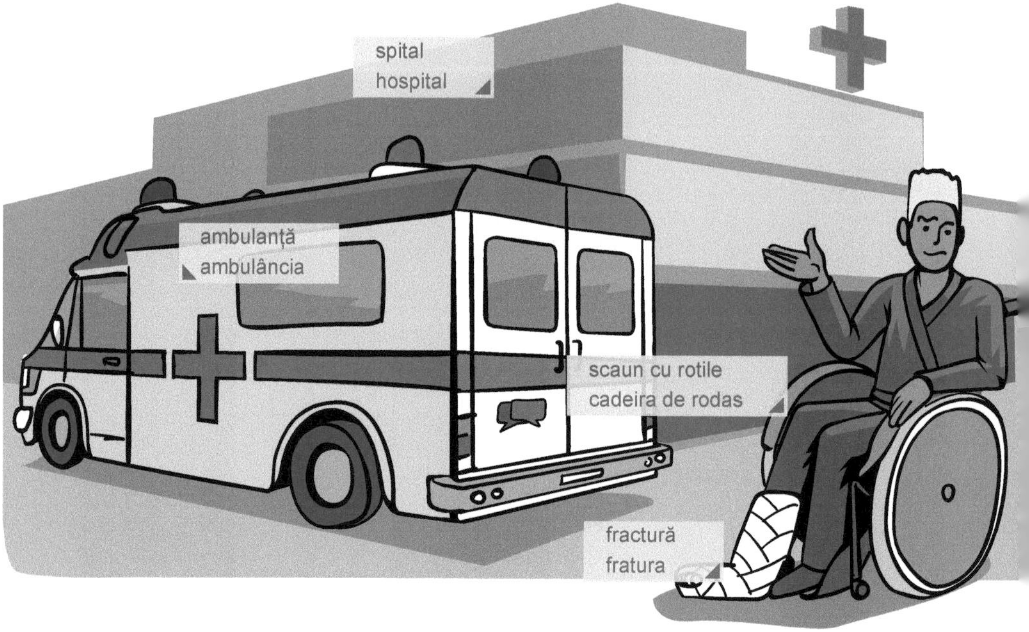

spital
hospital
ambulanță
ambulância
scaun cu rotile
cadeira de rodas
fractură
fratura

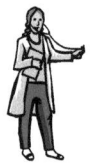

medic
médico

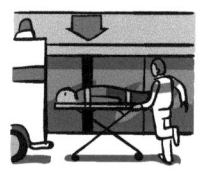

unitate de primiri urgențe
pronto-socorro

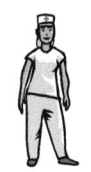

soră medicală
enfermeira

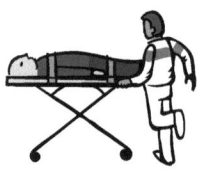

urgență
emergência

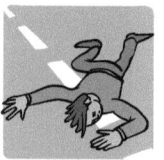

inconștient
inconsciente

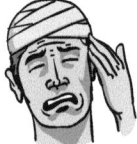

durere
dor

leziune

ferimento

sângerare

hemorragia

infarct miocardic

ataque cardíaco

atac cerebral

acidente vacular cerebral

alergie

alergia

tuse

tosse

febră

febre

gripă

gripe

diaree

diarreia

durere de cap

dor de cabeça

cancer

câncer

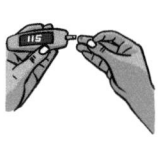

diabet

diabetes

chirurg

cirurgião

scalpel

bisturi

operație

operação

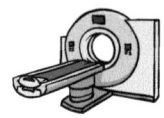

CT
CT

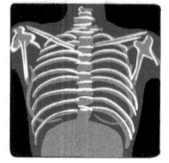

raze Röntgen
raio x

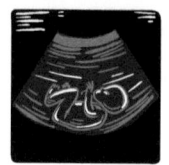

ultrasunet
ultrassom

mască
máscara

boală
doença

sală de așteptare
sala de espera

cârjă
muleta

plasture
bandeide

bandaj
ligadura

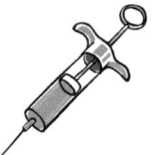

injecție
injeção

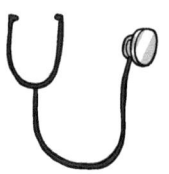

stetoscop
estetoscópio

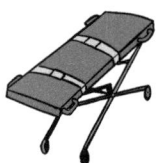

targă
maca

termometru
termômetro

naștere
nascimento

supraponderabilitate
excesso de peso

aparat auditiv

aparelho auditivo

dezinfectant

desinfetante

infecție

infecção

virus

vírus

HIV/SIDA

HIV / AIDS

medicină

medicamento

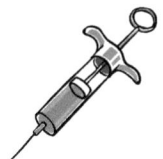

vaccin

vacinação

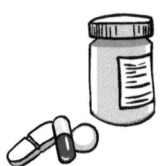

tablete

comprimidos

pastilă

pílula

apel de urgență

chamada de emergência

aparat de măsurare a presiunii arteriale

dispositivo de medição de pressão arterial

bolnav/sănătos

doente / saudável

Ajutor!

Socorro!

alarmă

alarme

agresiune

assalto

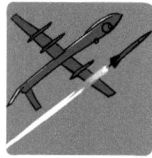

atac

ataque

pericol

perigo

ieșire de urgență

saída de emergência

Foc!

Fogo!

extinctor

extintor de incêndios

accident

acidente

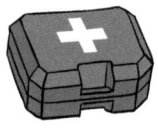

trusă de prim-ajutor

maleta de primeiros
socorros

SOS

SOS

poliție

polícia

Europa

Europa

America de Nord

América do Norte

America de Sud

América do Sul

Africa

África

Asia

Ásia

Australia

Austrália

Altantic

Atlântico

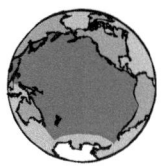

Pacific

Pacífico

Oceanul Indian

Oceano Índico

Oceanul Antarctic

Oceano Antártico

Oceanul Arctic

Oceano Ártico

Polul Nord

Polo Norte

Polul Sud

Polo Sul

Antarctica

Antártica

pământ

Terra

țară

terra

mare

mar

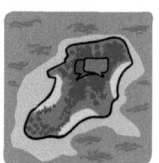

insulă

ilha

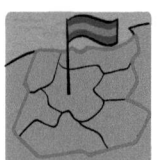

națiune

nação

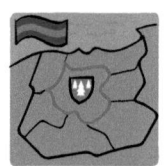

stat

estado

cadran

mostrador do relógio

orar

ponteiro das horas

minutar

ponteiro dos minutos

secundar

ponteiro dos segundos

Cât e ceasul?

Que horas são?

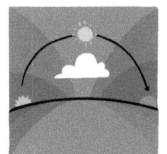

zi

dia

timp

tempo

acum

agora

cead digital

relógio digital

minut

minuto

oră

hora

săptămână
semana

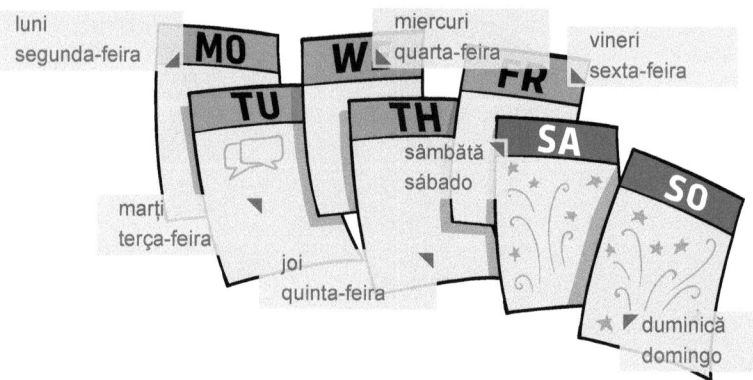

luni
segunda-feira

miercuri
quarta-feira

vineri
sexta-feira

marți
terça-feira

sâmbătă
sábado

joi
quinta-feira

duminică
domingo

ieri
ontem

azi
hoje

mâine
amanhã

dimineață
manhã

amiază
meio-dia

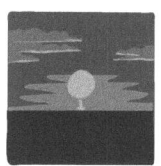

seară
entardecer

MO	TU	WE	TH	FR	SA	SU
1	2	3	4	5	6	7
8	9	10	11	12	13	14
15	16	17	18	19	20	21
22	23	24	25	26	27	28
29	30	31	1	2	3	4

zile lucrătoare
dias úteis

MO	TU	WE	TH	FR	SA	SU
1	2	3	4	5	6	7
8	9	10	11	12	13	14
15	16	17	18	19	20	21
22	23	24	25	26	27	28
29	30	31	1	2	3	4

week-end
fim de semana

an

ano

ploaie
chuva
curcubeu
arco-íris
zăpadă
neve
vânt
vento
primăvară
primavera
toamnă
outono
vară
verão
iarnă
inverno

4.APRIL 11°
5.APRIL 4°
6.APRIL 13°
7.APRIL 8°
8.APRIL 10°

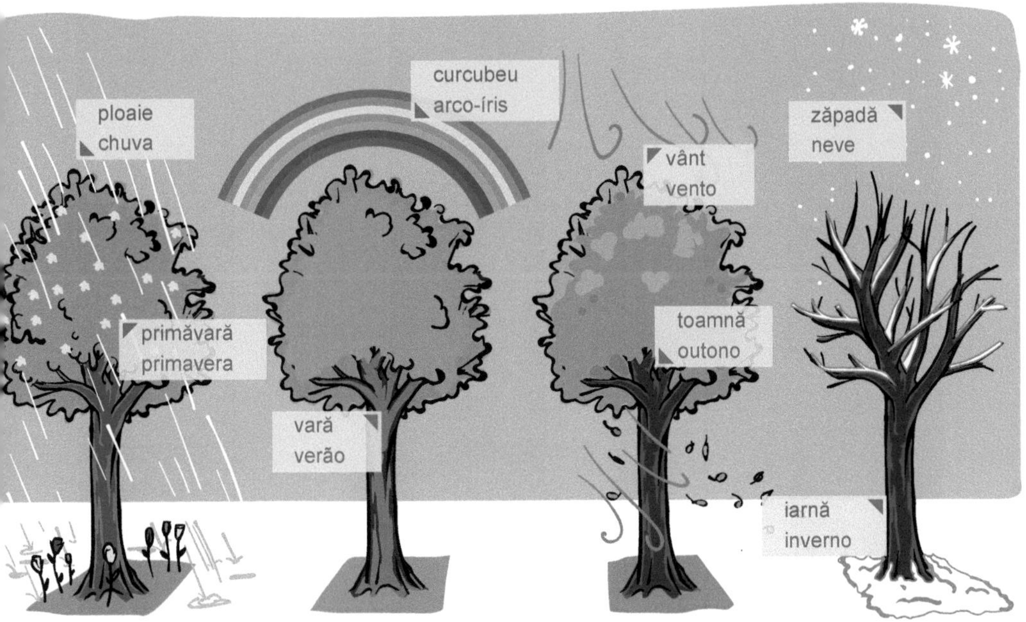

prognoză meteo

previsão do tempo

F C
120 90 60 30 0 -30
40 30 20 10 0 -10 -20

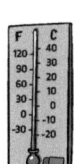

termometru

termômetro

lumina soarelui

raio de sol

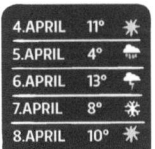

nor

nuvem

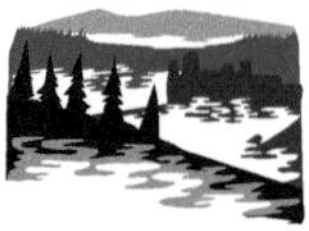

ceață

neblina / nevoeiro

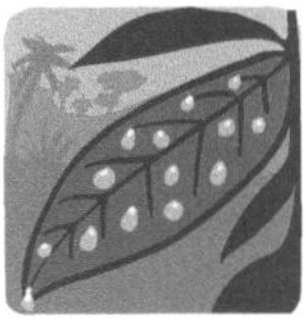

umiditate a aerului

umidade do ar

fulger

relâmpago

tunet

trovão

furtună

tempestade

grindină

granizo

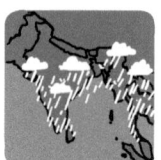

muson

monção

inundaţie

inundação

gheaţă

gelo

ianuarie

janeiro

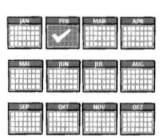

februarie

fevereiro

martie

março

aprilie

abril

mai

maio

iunie

junho

iulie

julho

august

agosto

septembrie

setembro

octombrie

outubro

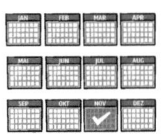

noiembrie

novembro

decembrie

dezembro

forme

formas

cerc

círculo

pătrat

quadrado

dreptunghi

retângulo

triunghi

triângulo

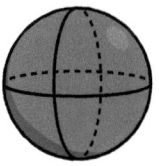

sferă

esfera

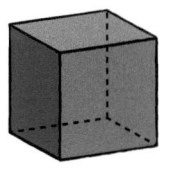

cub

cubo

alb

branco

galben

amarelo

portocaliu

laranja

roz

rosa

roşu

vermelho

violet

lilás

albastru

azul

verde

verde

maro

marrom

gri

cinza

negru

preto

mult/puțin

muito / pouco

furios/calm

furioso / tranquilo

frumos/urât

lindo / feio

început/sfârșit

começo / fim

mare/mic

grande / pequeno

luminos/întunecat

claro / escuro

frate/soră

irmão / irmã

curat/murdar

limpo / sujo

complet/incomplet

completo / incompleto

zi/noapte

dia / noite

mort/viu

morto / vivo

lat/strâmt

largo / estreito

comestibil/necomestibil

comestível / não comestível

rău/prietenos

mau / gentil

emoționat/plictisit

entusiasmado / entediado

gras/slab

gordo / magro

primul/ultimul

primeiro / último

prieten/inamic

amigo / inimigo

plin/gol

cheio / vazio

tare/moale

duro / macio

greu/ușor

pesado / leve

foame/sete

fome / sede

bolnav/sănătos

doente / saudável

ilegal/legal

ilegal / legal

inteligent/stupid

inteligente / idiota

stânga/drepta

esquerda / direita

aproape/departe

perto / longe

nou/uzat

novo / usado

nimic/ceva

nada / alguma coisa

bătrân/tânăr

velho / jovem

pornit/oprit

ligado / desligado

deschis/închis

aberto / fechado

încet/tare

baixo / alto

bogat/sărac

rico / pobre

corect/fals

certo / errado

aspru/neted

áspero / liso

trist/fericit

triste / feliz

lung/scurt

curto / longo

încet/repede

lento / rápido

ud/uscat

molhado / seco

cald/rece

ameno / fresco

război/pace

guerra / paz

0	**1**	**2**
zero	unu	doi
zero	um	dois

3	**4**	**5**
trei	patru	cinci
três	quatro	cinco

6	**7**	**8**
șase	șapte	opt
seis	sete	oito

9	**10**	**11**
nouă	zece	unsprezece
nove	dez	onze

12

douăsprezece
....
doze

13

treisprezece
....
treze

14

paisprezece
....
quatorze

15

cincisprezece
....
quinze

16

șaisprezece
....
dezesseis

17

șaptesprezece
....
dezessete

18

optsprezece
....
dezoito

19

nouăsprezece
....
dezenove

20

douăzeci
....
vinte

100

o sută
....
cem

1.000

o mie
....
mil

1.000.000

un milion
....
milhão

engleză

inglês

engleză americană

inglês americano

chineza mandarină

chinês mandarim

hindi

hindi

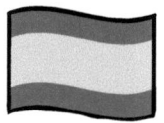

spaniolă

espanhol

franceză

francês

arabă

árabe

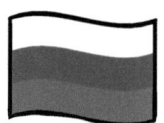

rusă

russo

protugheză

português

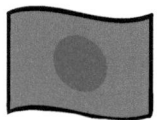

bengaleză

bengalês

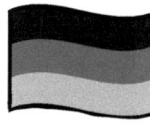

germană

alemão

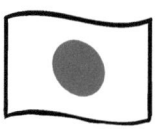

japoneză

japonês

eu
....
eu

tu
....
você

el/ea
....
ele / ela

noi
....
nós

voi
....
vocês

ea
....
eles / elas

cine?
....
quem?

ce?
....
O quê?

cum?
....
como?

unde?
....
onde?

când?
....
Quando?

nume
....
nome

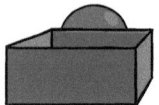

în spate

atrás

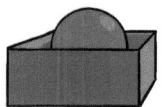

în

em

înainte

na frente de

peste

sobre

pe

em cima

sub

debaixo

lângă

do lado

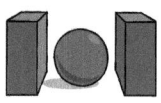

între

entre

loc

lugar